LE
JUGEMENT DERNIER
DES ROIS,

PROPHÉTIE EN UN ACTE, EN PROSE,

PAR P. SYLVAIN MARÉCHAL,

Jouée sur le Théâtre de la République, au mois Vendémiaire et jours suivants.

TANDEM!...

A PARIS,

De l'Imp. de C.-F. PATRIS, Imprimeur de la Com. rue du fauxbourg St.-Jacques, aux ci-devant Dames Ste.-Marie.

L'AN second de la RÉPUBLIQUE FRANÇAISE, une et indivisible.

AVIS

Aux directeurs de spectacles des départements.

L'AUTEUR, soussigné, se réserve les droits qu'un décret de la convention nationale lui maintient, sur les représentations de sa pièce, par les différents théâtres de la république.

[signature: Sylvain Maréchal]

Nota. Les passages de la pièce, marqués de guillemets, ne se récitent pas au Théâtre.

L'idée de cette pièce est prise dans l'Apologue suivant, faisant partie des Leçons du fils aîné d'un roi, *ouvrage philosophique du même auteur, publié au commencement de 1789, et mis à* l'index *par la Police.*

En ce temps-là, revenu de la cour, bien fatigué, un visionnaire se livra au sommeil, et rêva que tous les peuples de la terre, le jour des Saturnales, se donnèrent le mot pour se saisir de la personne de leurs rois, chacun de son côté. Ils convinrent en même temps d'un rendez-vous général, pour rassembler cette poignée d'individus couronnés, et les reléguer dans une petite île inhabitée, mais habitable; le sol fertile n'attendait que des bras et une légère culture. On établit un cordon de petites chaloupes armées pour inspecter l'île, et empêcher ces nouveaux colons d'en sortir. L'embarras des nouveaux débarqués ne fut pas mince. Ils commencèrent par se dépouiller de tous leurs ornements royaux qui les embarrassaient; et il fallut que chacun, pour vivre, mît la main à la pâte. Plus de valets, plus de courtisans, plus de soldats. Il leur fallut tout faire par eux-mêmes. Cette cinquantaine de personnages ne vécut pas long-temps en paix; et le genre humain, spectateur tranquille, eut la satisfaction de se voir délivré de ses tyrans par leurs propres mains, — *30 et 31 pag.*

L'AUTEUR DU JUGEMENT DERNIER DES ROIS,

Aux spectateurs de la première représentation de cette pièce.

Citoyens, rappelez-vous donc comment, au temps passé, sur tous les théâtres on avilissait, on dégradait, on ridiculisait indignement les classes les plus respectables du peuple-souverain, pour faire rire les rois et leurs valets de cour. J'ai pensé qu'il était bien temps de leur rendre la pareille, et de nous en amuser à notre tour. Assez de fois ces *messieurs* ont eu les rieurs de leur côté ; j'ai pensé que c'était le moment de les livrer à la risée publique, et de parodier ainsi un vers heureux de la comédie du méchant :

Les rois sont ici bas pour nos menus plaisirs.
GRESSET.

Voilà le motif des endroits un peu *chargés* du JUGEMENT DERNIER DES ROIS.

(*Extrait du journal des Révolutions de Paris, de Prud'homme*, Tome XVII, page 109, in-8°.)

COSTUMES DES PERSONNAGES.

L'IMPÉRATRICE. Corset de moire d'or, manches bouffantes; juppe de taffetas bleu, ornée d'un tour de point d'Espagne ou dentelle d'or; mante de satin ou taffetas ponceau, garnie au pourtour, ainsi que la juppe; tour de gorge de linon, formant la collerette; crachat attaché sur la césarine du manteau; couronne de paillons dorés; toque de taffetas bleu.

LE PAPE. Soutane & camail de laine, écarlate ou blanche; rochet de linon, entoilage de dentelle; gants blancs; souliers blancs avec une double croix en or sur le milieu du pied; tiare à trois couronnes, la tiare de satin ponceau & les couronnes en or; calotte de même satin, couvrant les oreilles, & bordée de poil blanc; étole & manipule.

LE ROI D'ESPAGNE. Habit espagnol, manteau, trousse, pantalon & les pièces de souliers, le tout rouge; un grand nez postiche en taffetas couleur de chair; couronne de moire d'or enrichie de pierreries; trois cordons en sautoir, savoir: un, ponceau, de l'ordre de la toison d'or; le deuxième, bleu de ciel avec une médaille; le troisième, de velours noir avec médaille.

L'EMPEREUR. Habit bleu galonné en or; cordon en sautoir, de l'ordre de l'Empire; un autre cordon blanc bordé de deux lignes rouges en bandoulière; écharpe ponceau, posée sur l'habit; couronne de moire d'or; veste, culotte & bas blancs.

Le ROI DE POLOGNE. Gilet à manches de velours noir ; manteau à petites manches bouffantes de velours noir, de même que le gilet : il faut au manteau une armure de poil blanc ; pantalon de tricot de soie cramoisie ; cordon de l'ordre, de velours noir, brodé en or ; un second cordon en bandoulière, bleu de ciel, avec un ordre quelconque.

Le ROI DE PRUSSE. Habit bleu foncé, boutonné jusqu'à la taille ; grand chapeau à trois cornes ; plumet & cocarde noirs ; point d'Espagne en or autour du chapeau ; culotte jaune ; bottes à l'écuyère ; coëffé en queue proche la tête ; écharpe de satin blanc à frange d'or.

Le ROI D'ANGLETERRE. Habit bleu foncé avec des boutons d'or ou de cuivre ; veste de même ; ventre postiche pour le grossir ; bottes à l'écuyère ; jarretières de l'ordre *Honni soit qui mal y pense*, & un crachat du même ordre.

Le ROI DE NAPLES. Gilet espagnol à crevasses ; chemisette de linon ; trousse pareille au gilet ; manteau espagnol, cordon ponceau avec une médaille en sautoir ; & un second cordon en sautoir, de velours noir, brodé en or.

Le ROI DE SARDAIGNE. Habit complet de Financier ; cordon de l'ordre en sautoir ; crachat attaché à l'habit ; fronteau de couronne herminée.

Un SAUVAGE (rôle parlant). Pantalon & gilet de tricot de soie, clairement tigrée ; sandales lacées ; perruque et barbe grises.

Huit SAUVAGES (personnages muets) carquois & flèches.

Dix SANS-CULOTTES portant le costume du pays de chacun des Rois qu'ils amènent enchaînés par le col; c'est-à-dire un Sans-Culotte Espagnol, Allemand, Italien, Napolitain, Polonais, Prussien, Russe, Sarde, Anglais, & un Français.

Un grand nombre de Peuple armé de sabres, fusils & piques, tous habillés en Sans-Culottes Français.

Une Barrique remplie de Biscuit de mer.

PERSONNAGES.

Un VIEILLARD FRANÇAIS.... *Monvel.*

Des SAUVAGES de tout âge et de tout sexe.

Un SANS-CULOTTE de chaque nation de l'Europe.

Les ROIS d'EUROPE, y compris le PAPE........... *Dugazon.*

Et la CZARINE......... *Michot.*

L'EMPEREUR.......... *Raymont.*

Le ROI d'ANGLETERRE.

Le ROI de PRUSSE.

Le ROI de NAPLES.

Le ROI d'ESPAGNE.... *Baptiste le jeune.*

Le ROI de SARDAIGNE.

Le ROI de POLOGNE... *Grand-Mesnil.*

LE JUGEMENT
DERNIER
DES ROIS,
PROPHÉTIE EN UN ACTE.

Le théâtre représente l'intérieur d'une île à moitié volcanisée. Dans la profondeur, ou arrière-scène, une montagne jète des flamêches de temps à autre pendant toute l'action jusqu'à la fin.

Sur un des côtés de l'avant-scène, quelques arbres ombragent une cabane abritée derrière par un grand rocher blanc, sur lequel on lit cette inscription, tracée avec du charbon :

Il vaut mieux avoir pour voisin
Un volcan qu'un roi.
Liberté . . . . Égalité.

Au-dessous sont plusieurs chiffres. Un ruisseau tombe en cascade, et coule sur le côté de la chaumière.

De l'autre part, la vue de la mer.

Le soleil se lève derrière le rocher blanc pendant le monologue du vieillard, qui ajoute un chiffre à ceux déjà tracés par lui.

SCÈNE PREMIÈRE.

LE VIEILLARD. (*Il compte.*)

1, 2, 3 .. 19, 20. VOILA donc précisément aujourd'hui vingt ans que je suis relégué dans cette île déserte. Le despote qui a signé mon bannissement est peut-être mort à présent.... Là-bas, dans ma pauvre patrie, on me croit brûlé par le volcan, ou déchiré sous la dent de quelques bêtes féroces, ou mangé par des antropophages. Le volcan, les animaux carnaciers, les sauvages, semblent avoir respecté jusqu'à ce jour la victime d'un roi. ...

Mes bons amis tardent bien à venir : le soleil est pourtant levé!... Qu'est-ce que j'apperçois?... Ce ne sont pas leurs canots ordinaires.... Une chaloupe!.... elle approche à force de rames. Des blancs... des Européens!.. Si c'étaient de mes compatriotes, des Français.... Ils viènent peut-être me chercher..... Le tyran sera mort; et son successeur, pour se populariser, comme cela se pratique à tous les avénements au trône, aura fait grace à quelques victimes innocentes du règne précédent....Je ne veux point de la clémence d'un despote : je resterai, je mourrai dans cette île volcanisée, plutôt que de retourner sur le continent, du moins tant qu'il y aura des rois et des prêtres.

Caché derrière cette roche, il faut que je sache à qui tout ce monde en veut ici.

———

SCÈNE II.

Douze ou quinze SANS-CULOTTES, un de chaque nation de l'Europe. (*Ils débarquent.*)

LE SANS-CULOTTE FRANÇAIS.

Voyons si cette île fera notre affaire. C'est la troisième que nous visitons : elle paraît avoir été volcanisée, et l'être encore. Tant mieux ! le globe sera plutôt débarrassé de tous les brigands couronnés dont on nous a confié la déportation.

L'ANGLAIS.

Il me semble qu'ils seront fort bien ici. La main de la nature s'empressera de ratifier, de sanctionner le jugement porté par les sans-culottes contre les rois, ces scélérats si long-temps privilégiés et impunis.

L'ESPAGNOL.

Qu'ils éprouvent ici tous les tourments de l'enfer, auquel ils ne croyaient pas, et qu'ils nous faisaient prêcher par les prêtres, leurs complices, pour nous *embêter*.

LE FRANÇAIS.

Camarades! cette île paraît habitée.....
Remarquez-vous ces pas d'hommes?

LE SARDE.

A l'entrée de cette caverne, voilà des fruits tout fraîchement récoltés.

LE FRANÇAIS.

Mes amis! venez, hé! venez donc; lisez:

Il vaut mieux avoir pour voisin
Un volcan qu'un roi.

Plusieurs SANS-CULOTTES *ensemble.*

Bravo! bravo!

LE FRANÇAIS *continue de lire.*

Liberté . . . . . Égalité.

Il y a ici quelque martyr de l'ancien régime. L'heureuse rencontre!

L'ANGLAIS.

Oh! que nous avons bien adressé! Celui qui gémit en ce lieu ne s'attend pas à trouver aujourd'hui des libérateurs.

LE FRANÇAIS.

L'infortuné ne sçait rien : il serait mort, sans apprendre la liberté de son pays.

L'ALLEMAND.

Et de toute l'Europe. Il ne doit pas être loin : cherchons-le ; allons au-devant de lui.

LE FRANÇAIS.

Qu'il me tarde de le rencontrer ! C'est sans doute un des nôtres ; et, à en juger d'après les saints noms qu'il a tracés sur cette roche, il est digne de la grande Révolution, puisqu'il a su la pressentir à ce bout du monde.

SCÈNE III.

LES ACTEURS PRÉCÉDENTS et le VIEILLARD.

Plusieurs SANS-CULOTTES *à-la-fois.*

Bon vieillard !... vénérable vieillard !.... que fais-tu ici ?

LE VIEILLARD.

Des Français !.... Ô jour heureux !... il y a si long-temps que je n'ai vu des français !...

Mes amis! mes enfants! que cherchez-vous?... mais avant tout, un naufrage vous a peut-être jetés sur cette rive; auriez-vous besoin de nourriture? Je n'ai à vous offrir que ces fruits, et l'eau de cette source. Ma cabane est trop petite pour vous contenir tous à la fois. Je n'attendais pas si nombreuse et si bonne compagnie.

LE FRANÇAIS.

Notre bon papa, il ne nous faut rien. Nous n'avons besoin que de t'entendre, de sçavoir ton histoire; nous te raconterons, après, la nôtre.

LE VIEILLARD.

En deux mots, la voici : Je suis français, né à Paris. J'habitais un petit domaine contre le parc de Versailles. Un jour, la chasse passe de mon côté; le cerf est relancé jusque dans mon jardin. Le roi et tout son monde entrent chez moi. Ma fille, grande et belle, est remarquée de tous ces *messieurs* de la cour. Le lendemain, on me l'enlève.....
Je cours au château réclamer ma fille; on me raille : on me repousse : on me chasse. Je ne me rebute pas : la larme à l'œil, je me jète aux pieds du roi sur son passage. On lui dit un mot à l'oreille sur mon compte;

il me ricane au nez, et donne ordre qu'on me fasse retirer. Ma pauvre femme n'en obtient pas davantage ; elle expire de douleur. Je reviens au château. Je compte ma peine à tout le monde. Personne ne veut s'en mêler. « Je demande à parler à la reine ; je la saisis « par la robe, comme elle sortait de ses ap-» partements. Ah ! dit-elle, c'est cet ennuyeux « personnage. Quand donc lui interdira-t-on « ma présence ? » Je me présente chez les ministres, j'élève le ton ; je parle en homme, en père. Un d'eux, c'était un prélat, ne me répond rien ; mais il fait un signe. On m'arrête à la porte de son audience ; on me plonge dans un cachot, d'où je ne sors que pour être jeté à fond de cale d'un navire qui, en passant, me laissa dans cette île, il y a précisément aujourd'hui vingt années. Voilà, mes amis, mon aventure.

LE SANS-CULOTTE FRANÇAIS.

Ecoute à ton tour, et apprends que tu es bien vengé. Te dire tout, serait trop long. Voici l'essentiel : Bon vieillard ! tu as devant toi un représentant de chacune des nations de l'Europe devenue libre et républicaine : car il faut que tu saches qu'il n'y a plus du tout de rois en Europe.

LE VIEILLARD.

Est-il bien vrai? Serait-il possible?..........
Vous vous jouez d'un pauvre vieillard.

LE SANS-CULOTTE FRANÇAIS.

De vrais sans-culottes honorent la vieillesse, et ne s'en amusent point. . . comme faisaient jadis les plats courtisans de Versailles, de Saint-James, de Madrid, de Vienne.

LE VIEILLARD.

Comment! il n'y a plus de rois en Europe?...

UN SANS-CULOTTE.

Tu vas les voir débarquer tous ici; ils nous suivent (à leur tour, comme tu l'as été,) à fond de cale d'une petite frégate armée que nous devançons pour leur préparer les logis. Tu vas les voir tous ici, un pourtant excepté.

LE VIEILLARD.

Et pourquoi cette exception? Ils n'ont jamais guères mieux valu les uns que les autres.

LE SANS-CULOTTE.

« Tu as raison.. *excepté un*, parce que nous l'avons guillotiné.

LE VIEILLARD.

« *Guillotiné!* . . . que veut dire? . . «

LE SANS-CULOTTE.

« Nous t'expliquerons cela; et bien autre chose » : nous lui avons tranché la tête, de par la loi.

LE VIEILLARD.

Les Français sont donc devenus des hommes!

LE SANS-CULOTTE.

Des hommes libres. En un mot, la France est une république dans toute la force du terme.... Le peuple Français s'est levé. Il a dit : *je ne veux plus de roi*; et le trône a disparu. Il a dit encore : *je veux la république*, et nous voilà tous républicains.

LE VIEILLARD.

Je n'aurais jamais osé espérer une pareille révolution : mais je la conçois. J'avais toujours pensé, à part moi, que le peuple, aussi puissant que le Dieu qu'on lui prêche, n'a qu'à vouloir.... Que je suis heureux d'avoir assez vécu pour apprendre un aussi grand évènement ! Ah ! mes amis! mes frères, mes enfants ! je suis dans un ravissement !...

Mais jusqu'à présent vous ne me parlez que de la France ; et, ce me semble, si j'ai bien entendu d'abord, l'Europe entière est délivrée de la contagion des rois?

L'ALLEMAND.

L'exemple des Français a fructifié : ce n'a

pas été sans peine. Toute l'Europe s'est liguée contre eux, non pas les peuples, mais les monstres qui s'en disaient impudemment les *souverains*. Ils ont armé tous leurs esclaves; ils ont mis en œuvre tous les moyens pour dissoudre ce noyau de liberté que Paris avait formé. On a d'abord indignement calomnié cette nation généreuse qui, la première, a fait justice de son roi : on a voulu la modérantiser, la fédéraliser, l'affamer, l'asservir de plus belle, pour dégoûter à jamais les hommes du régime de l'indépendance. Mais à force de méditer les principes sacrés de la Révolution française, à force de lire les traits sublimes, les vertus héroïques auxquelles elle a donné lieu, les autres peuples se sont dit : Mais, nous sommes bien dupes de nous laisser conduire à la boucherie comme des moutons, ou de nous laisser mener en lesse comme des chiens de chasse au combat du taureau. Fraternisons plutôt avec nos aînés en raison, en liberté. En conséquence, chaque section de l'Europe envoya à Paris de braves sans-culottes, chargés de la représenter. Là, dans cette diète de tous les peuples, on est convenu qu'à certain jour, toute l'Europe se lèverait en masse,... et s'émanciperait..... En effet, une insurrection générale et simultanée a éclaté chez toutes les nations de l'Europe; et chacune d'elles eut son 14 juillet et 5 octobre 1789, son 10 août et 21 septembre 1792, son 31 mai et 2 juin 1793. Nous t'instruirons de ces époques, les plus étonnantes de toute l'histoire.

LE VIEILLARD.

Que de merveilles!.. Pour le moment, satisfaites mon impatiente curiosité sur un seul point. Je vous entends tous répéter le mot de *Sans-Culotte*; que signifie cette expression singulière et piquante?

LE SANS-CULOTTE FRANÇAIS.

C'est à moi de te le dire. Un sans-culotte est un homme libre, un patriote par excellence. La masse du vrai peuple, toujours bonne, toujours saine, est composée de sans-culottes. Ce sont des citoyens purs, tout près du besoin, qui mangent leur pain à la sueur de leur front, qui aiment le travail, qui sont bons fils, bons pères, bons époux, bons parents, bons amis, bons voisins, mais qui sont jaloux de leurs droits autant que de leurs devoirs. Jusqu'à ce jour, faute de s'entendre, ils n'avaient été que des instruments aveugles et passifs dans la main des méchants, c'est-à-dire des rois, des nobles, des prêtres, des égoïstes, des aristocrates, des hommes d'état, des fédéralistes, tous gens dont nous t'expliquerons, sage et malheureux vieillard, les maximes et les forfaits. Chargés de tout l'entretien de la ruche, les sans-culottes ne veulent plus souffrir désormais, au-dessus ni parmi eux, de frelons lâches et malfaisants, orgueilleux et parasites.

LE VIEILLARD *avec enthousiasme.*

Mes frères, mes enfants, et moi aussi je suis un sans-culotte!

L'ANGLAIS *reprend le récit.*

« Chaque peuple, le même jour, s'est donc
» déclaré en république, et se constitua un
» gouvernement libre. Mais en même temps
» on proposa d'organiser une *convention Européenne* qui se tint à Paris, chef-lieu de
» l'Europe. Le premier acte qu'on y proclama
» fut le Jugement dernier des Rois détenus
» déjà dans les prisons de leurs châteaux. Ils
» ont été condamnés à la déportation dans
» une île déserte, où ils seront gardés à vue
» sous l'inspection et la responsabilité d'une
» petite flote que chaque république à son
» tour entretiendra en croisière jusqu'à la
» mort du dernier de ces monstres. »

LE VIEILLARD.

Mais, dites-moi, je vous prie, pourquoi vous être donné la peine d'amener tous ces rois jusqu'ici? Il eût été plus expédient de les pendre tous, à la même heure, sous le portique de leurs palais.

LE SANS-CULOTTE FRANÇAIS.

Non, non! leur supplice eût été trop doux et aurait fini trop tôt : il n'eût pas rempli le but qu'on se proposait. Il a paru plus convenable d'offrir à l'Europe le spectacle de ses tyrans détenus dans une ménagerie et se dévorant les uns les autres, ne pouvant plus assouvir leur rage sur les braves sans-culottes qu'ils osaient appeler leurs *sujets*. Il est bon de leur donner le loisir de se reprocher réciproquement leurs forfaits, et de se punir de leurs propres mains. Tel est le jugement solemnel et en dernier ressort qui a été prononcé contre eux à l'unanimité, et que nous venons sur ces mers mettre à exécution.

LE VIEILLARD.

Je me rends.

UN SANS-CULOTTE.

A présent que te voilà à-peu-près au fait, dis-nous, bon vieillard, cette île que tu habites depuis vingt ans, te semblerait-elle propre à y déposer notre cargaison de mauvaise marchandise ?

LE VIEILLARD.

Mes amis, cette île n'est point habitée. Quand j'y fus jeté, c'était le matin; je ne rencontrai aucun être vivant dans tout le cours de la journée; le soir, une pyrogue vint mouiller à cette petite rade. Il en sortit plusieurs familles de sauvages, dont j'eus peur d'abord. Je ne leur rendais pas justice : ils dissipèrent bientôt mes craintes par un accueil hospitalier, et me promirent de m'apporter chaque soir de leur fruit, de leur chasse ou de leur pêche : car ils venaient tous les jours, à l'entrée de la nuit, dans cette île, pour y rendre un culte religieux au volcan que vous voyez. « Sans contrarier leur croyance, je les invitai à partager du moins leurs hommages entre le volcan et le soleil. Ils ne manquèrent pas de revenir de grand matin, le troisième jour suivant, pour y voir le phénomène que je leur avois annoncé, et auquel ils n'avaient point fait attention dans leurs huttes enfumées. Je les plaçai sur ce rocher blanc; je leur fis contempler le lever du soleil sortant de la mer dans toute sa pompe : ce spectacle les tint dans l'extase. Depuis ce moment, il n'est pas de semaine qu'ils ne viennent adorer le soleil levant. » Depuis ce moment aussi, ils me regardent et me traitent comme leur père, leur médecin, leur conseil ; et, grace à eux, je ne manque de rien dans cette solitude inculte. Une fois ils voulaient à toute force me reconnaître pour leur roi : je leur expliquai le mieux qu'il me fut possible mon aventure de là-bas, et ils jurèrent entre mes mains de n'avoir jamais de rois, pas plus que de prêtres.

J'estime que cette île remplira parfaitement vos intentions ; d'autant mieux, que depuis quelques semaines le cratère du volcan s'élargit beaucoup, et semble menacer d'une éruption prochaine. Il vaut mieux qu'elle éclate sur des têtes couronnées que sur celles de mes bons voisins les sauvages, ou de mes frères les braves sans-culottes.

UN SANS-CULOTTE.

Camarades, qu'en dites-vous ? je crois qu'il a raison : signalons la flote pour qu'elle vienne nous joindre ici, et qu'elle y vomisse les poisons dont elle est chargée.

LE VIEILLARD.

J'apperçois mes bons voisins ; abaissez vos

piques devant eux en signe de fraternité ; vous les verrez déposer leurs arcs à vos pieds. Je ne sais point leur langue ; ils ignorent la nôtre : mais le cœur est de tous les pays : nous nous entretenons par gestes, et nous nous comprenons parfaitement.

Des familles sauvages sortent de leurs pirogues. Le vieillard les présente aux sans-culottes d'Europe. On fraternise ; on s'embrasse : le vieillard monte sur son rocher blanc, et fait hommage au soleil des fruits que lui ont apportés les sauvages, dans des paniers d'osier adroitement travaillés.

Après la cérémonie, le vieillard converse avec eux par gestes et les met au courant.

Les rois débarquent : ils entrent sur la scène un à un, le sceptre à la main, le manteau royal sur les épaules, la couronne d'or sur la tête, et au cou une longue chaîne de fer dont un sans-culotte tient le bout.

SCÈNE IV.

LES PRÉCÉDENTS, FAMILLES SAUVAGES.

LE VIEILLARD.

BRAVES sans-culottes, ces sauvages sont

(17)

nos aînés en liberté ; car ils n'ont jamais eu de rois. Nés libres, ils vivent et meurent comme ils sont nés.

SCÈNE V.

LES PRÉCÉDENTS, LES ROIS D'EUROPE.

UN SANS-CULOTTE ALLEMAND, *conduisant l'empereur qui ouvre la marche.*

PLACE à sa majesté l'empereur.... Il ne lui a manqué que du temps et plus de génie pour consommer tous les forfaits commis par la maison d'Autriche, et pour porter à leur comble les maux que Joseph II et Antoinette voulaient, et firent à la France. Fléau de ses voisins, il le fut encore de son pays, dont il épuisa la population et les finances. Il fit languir l'agriculture, entrava le commerce, enchaîna la pensée. (*en secouant sa chaîne.*) N'ayant pu avoir le principal lot dans le partage de la Pologne, il voulut s'en dédommager en ravageant les frontières d'une nation dont il redoutait les lumières et l'énergie. Faux ami, allié perfide, faisant le mal pour mal faire ; c'est un monstre.

(18)

FRANÇOIS II.

Pardonnez-moi ; je ne suis pas aussi monstre qu'on paraît le croire. Il est vrai que la Lorraine me tentait : mais la France n'eût-elle pas été trop heureuse d'acheter la paix et le bon ordre au prix d'une province ? N'en a-t-elle pas déjà assez. D'ailleurs, s'il y a quelqu'un à blâmer, c'est le vieux Kaunitz qui abusa de ma jeunesse, de mon inexpérience : c'est Cobourg, c'est Brunswick.

L'ALLEMAND. (*Il le lâche.*)

Dis, ta vilaine ame, ton mauvais cœur.... Achève ici de vivre, séparé à jamais de l'espèce humaine, dont toi et tes confrères avez fait trop long-temps la honte et le supplice.

UN SANS-CULOTTE ANGLAIS *menant le roi d'Angleterre en lesse avec une chaîne.*

Voici sa majesté le roi d'Angleterre, qui, aidé du génie machiavélique de M. Pitt, pressura la bourse du peuple Anglais, et accrut encore le fardeau de la dette publique pour organiser en France la guerre civile, l'anarchie, la famine, et le fédéralisme, pire que tout cela.

GEORGE.

Mais je n'avais pas la tête à moi, vous le sçavez. Punit-on un fou ? On le place à l'hôpital.

L'ANGLAIS, en le lâchant.

Le volcan te rendra la raison.

UN SANS-CULOTTE PRUSSIEN.

Voici sa majesté le roi de Prusse : comme le duc d'Hanovre, bête malfaisante et sournoise, la dupe des charlatans, le bourreau des gens de bien et des hommes libres.

GUILLAUME.

La manière dont vous en agissez envers moi est de toute injustice. Car enfin vous devez me connaître : je n'ai jamais eu le génie militaire de mon oncle; je m'occupai beaucoup plus des Illuminés que des Français. Si mes soldats ont fait un peu de mal, on le leur a bien rendu. Ainsi quitte : tant de tués que de blessés, de part et d'autre, tout est compensé.

LE PRUSSIEN.

Voilà bien les sentiments et le langage d'un roi. Monstre ! expie ici tout le sang que tu as fait verser dans les plaines de la Champagne, devant Lille et Mayence.

UN SANS-CULOTTE ESPAGNOL.

Voici sa majesté le roi d'Espagne. Il est bien du sang des Bourbons : voyez comme la sottise, la cagoterie et le despotisme sont empreints sur sa face royale.

CHARLES.

J'en conviens, je ne suis qu'un sot, que les prêtres et ma femme ont toujours mené par le bout du nez ; ainsi, faites-moi grace.

UN SANS-CULOTTE NAPOLITAIN.

Voici l'hypocrite couronné de Naples. Encore quelques années, et il eût fait plus de ravage en Europe que le mont Vésuve qu'il avait à sa porte.

FERDINAND, roi de Naples.

Volcan pour volcan, que ne me laissiez-vous là-bas ! j'ai été le dernier à me mettre de la ligue. Il a bien fallu à la fin que je me rangeasse du parti de mes confrères les rois. Ne fallait-il pas hurler avec les loups ?

UN SANS-CULOTTE SARDE.

Voici dans cette boîte sa majesté dormeuse

(21)

Victor-Amédée-Marie de Savoie, roi des marmottes. Plus stupide qu'elles, une fois il a voulu faire le méchant ; mais nous l'avons bien vîte remis dans sa loge. Amédée, dépêche-toi de dormir. J'ai bien peur pour toi que le volcan ne te permette pas d'achever tes six mois de sommeil.

LE ROI DE SARDAIGNE *sortant de sa boîte, bâillant et se frottant les yeux.*

J'ai faim, moi.... Ah! ah! où est mon chapelain pour dire mon *Bénédicite*.

LE SARDE.

Dis plutôt *tes graces*... Va! (*en le poussant*) voilà à quoi ils sont bons, tous ces rois; boire, manger, dormir, quand ils ne peuvent faire du mal.

UN SANS-CULOTTE RUSSE.

(*Catherine monte sur la scène, en faisant de grands pas, de grandes enjambées.*)

Allons donc, tu fais des façons, je crois.... Voici sa majesté impériale, la Czarine de toutes les Russies; autrement, madame de l'enjambée; ou, si vous aimez mieux, la

Catau, la Sémiramis du Nord : femme au-dessus de son sexe, car elle n'en connut jamais les vertus ni la pudeur. Sans mœurs et sans vergogne, « elle fut l'assassin de son mari, « pour n'avoir pas de compagnon sur le « trône, et pour n'en pas manquer dans son « lit impur ».

UN SANS-CULOTTE POLONAIS.

Toi, Stanislas-Auguste, roi de Pologne, allons, vîte ! porte la queue de ta maîtresse Catau, dont tu fus si constamment le bas-valet.

UN SANS-CULOTTE, *tenant à la main le bout de plusieurs chaînes attachées au cou de plusieurs rois.*

Tenez ! voici le fond du sac. C'est le fretin : il ne vaut pas l'honneur d'être nommé.

Le vieillard sert de truchement aux sauvages, devant lesquels passent en revue les rois. Il leur traduit dans le langage des signes, ce qui se dit à mesure que les rois paraissent sur la scène. Les sauvages donnent tour à tour des marques d'étonnement et d'indignation.

UN SANS-CULOTTE ROMAIN, *menant le pape.*

A genoux, scélérats couronnés ! pour recevoir la bénédiction du saint père : car il n'y a qu'un prêtre capable d'absoudre vos forfaits dont il fut le complice et l'agent perfide. Eh ! dans quelle trame odieuse, dans quelle intrigue criminelle les prêtres et leur chef n'ont-ils pas pris part, n'ont-ils pas joué un rôle ? C'est ce monstre à triple couronne, qui, sous main, provoqua une croisade meurtrière contre les Français, comme jadis ses prédécesseurs en avaient conseillé une contre les Sarrazins. Après les rois, les prêtres sont ceux qui firent le plus de mal à la terre et à l'espèce humaine.

Graces, graces immortelles soient rendues au peuple Français, qui le premier, parmi les modernes, rappela le patriotisme de Brutus et démasqua la tartufferie des augures. Les Français firent rougir les Romains de l'encens qu'ils prostituaient aux pieds d'un prêtre dans le capitole, là même où l'ambitieux César fut poignardé par des mains vertueuses et républicaines.

LE PAPE.

Ah ! ah ! vous chargez le tableau... Citez un seul de mes prédécesseurs qui ait fait preuve d'autant de modération que moi. A leur exemple, j'aurais bien pu mettre en interdit tout le royaume de France,....

LE SANS-CULOTTE FRANÇAIS *l'interrompt*.

Dis la république.

LE PAPE.

Eh bien, la république soit ! la république. J'aurais pu appeler sur la tête de tous les Français les vengeances du ciel ; je me suis contenté de conjurer contre eux toutes les puissances de la terre. Un prêtre pouvait-il moins ? Ecoutez ; faites-moi grace ; tout le reste de ma vie je prierai Dieu pour les sans-culottes.

LE SANS-CULOTTE ROMAIN.

Non, non, non ! nous ne voulons plus de prières d'un prêtre : le Dieu des sans-culottes, c'est la liberté, c'est l'égalité, c'est la fraternité ! Tu ne connus et ne connaîtras jamais ces dieux-là. Va plutôt exorciser le volcan qui doit dans peu te punir et nous venger.

UN SANS-CULOTTE FRANÇAIS, *après avoir fait ranger en demi-cercle tous les rois, et avant de les quitter*:

Monstres couronnés ! vous auriez dû, sur des échaffauds, mourir tous de mille morts:

mais où se serait-il trouvé des bourreaux qui eussent consenti à souiller leurs mains dans votre sang vil et corrompu? Nous vous livrons à vos remords, ou plutôt à votre rage impuissante.

Voilà pourtant les auteurs de tous nos maux! Générations à venir, pourrez-vous le croire! Voilà ceux qui tenaient dans leurs mains, qui balançaient les destinées de l'Europe. C'est pour le service de cette poignée de lâches brigands, c'est pour le bon plaisir de ces scélérats couronnés, que le sang d'un million, de deux millions d'hommes, dont le pire valait mieux qu'eux tous, a été versé sur presque tous les points du continent et par delà les mers. C'est au nom, ou par l'ordre de cette vingtaine d'animaux féroces, que des provinces entières ont été dévastées, des villes populeuses changées en monceaux de cadavres et de cendres, d'innombrables familles violées, mises à nud et réduites à la famine. Ce groupe infâme d'assassins politiques, a tenu en échec de grandes nations, et a tourné les uns contre les autres des peuples faits pour être amis et nés pour vivre en frères. Les voilà ces bouchers d'hommes en temps de guerre, ces corrupteurs de l'espèce humaine en temps de paix.

C'est du sein des cours de ces êtres immondes, que s'exhalait dans les villes et sur les campagnes la contagion de tous les vices ; exista-t-il jamais une nation ayant en même-temps un roi et des mœurs ?

LE PAPE.

Il n'y avait pas de mœurs à Rome !......
les cardinaux n'ont point de mœurs !......

LE SANS-CULOTTE FRANÇAIS.

Et ces ogres trouvaient des panégyristes et des soutiens ! Les prêtres ne donnaient à leur Dieu que les restes de l'encens qu'ils brûlaient aux pieds du prince ; « et des esclaves chargés « de livrées tissues d'or, se pavanaient et se « croyaient importants quand ils avaient dit : « *le roi mon maître...* » Plus de cent millions d'hommes ont obéi à ces plats tyrans, et tremblaient en prononçant leurs noms avec un saint respect. C'était pour procurer des jouissances à ces mangeurs d'hommes, que le peuple, du matin au soir, et d'un bout de l'année à l'autre, travaillait, suait, s'épuisait. Races futures ! pardonnerez-vous à vos bons ayeux cet excès d'avilissement, de stupidité et d'abnégation de soi-même ? Nature, hâte-toi d'achever l'œuvre des sans-culottes ; souffle ton haleine de feu sur ce rebut de la société, et fais rentrer pour toujours les rois dans le néant d'où ils n'auraient jamais dû sortir.

Fais-y rentrer aussi le premier d'entre nous qui désormais prononcerait le mot *roi* sans l'accompagner des imprécations que l'idée attachée à ce mot infâme présente naturellement à tout esprit républicain.

Pour moi, je m'engage à effacer sur-le-champ du livre des hommes libres quiconque en ma présence souillerait l'air d'une expression qui tendrait à prévenir favorablement pour un roi, ou pour toute autre monstruosité de cette sorte. Camarades, jurons-le tous, et rembarquons-nous.

LES SANS-CULOTTES *en partant*.

Nous le jurons!... vive la liberté! vive la république!

SCÈNE VI.

LES ROIS D'EUROPE.

FRANÇOIS II.

COMME on nous traite, bon Dieu! avec quelle indignité! et qu'allons-nous devenir?

GUILLAUME.

O mon cher Cagliostro, que n'es-tu ici? tu nous tirerais d'embarras.

GEORGE.

J'en doute : qu'en pensez-vous, saint-père? Vous le tenez depuis assez long-temps prisonnier au château Saint-Ange.

BRASCHI OU LE PAPE.

Il ne pourrait rien à tout ceci. Il nous faudrait quelque chose de surnaturel.

LE ROI D'ESPAGNE.

Ah! saint-père, un petit miracle.

LE PAPE.

Le temps en est passé..... Où est-il le bon temps où les saints traversaient les airs à cheval sur un bâton.

LE ROI D'ESPAGNE.

O mon parent! ô Louis XVI! c'est encore toi qui as eu le meilleur lot. Un mauvais demi-quart d'heure est bientôt passé! à présent tu n'as plus besoin de rien. Ici nous manquons de tout : nous sommes entre la famine et l'enfer. C'est vous François et Guillaume, qui nous attirez tout cela. J'ai toujours pensé que cette révolution de France, tôt ou tard, nous jouerait d'un mauvais tour. Il ne fallait pas nous en mêler du tout, du tout.

GUILLAUME.

Il vous sied bien, sire d'Espagne, de nous inculper; ne sont-ce pas vos lenteurs ordinaires qui nous ont perdus. Si vous nous aviez secondés à point, c'en était fait de la France.

CATHERINE.

Pour moi, je vais me coucher dans cette caverne. Au lieu de vous quereller, qui m'aime me suive... Stanislas, ne venez-vous pas me tenir compagnie?

LE ROI DE POLOGNE.

Vieille Catau, regarde-toi dans cette fontaine.

CATHERINE.

Tu n'as pas toujours été si fier.

L'EMPEREUR.

Maudits français !

LE ROI D'ESPAGNE.

Ces sans-culottes que nous méprisions tant d'abord, sont pourtant venus à bout de leur dessein. Pourquoi n'en ai-je pas fait un bel auto-da-fé, pour servir d'exemple aux autres?

LE PAPE.

Pourquoi ne les ai-je pas excommuniés dès 1789 ? Nous les avons trop ménagés, trop ménagés.

LE ROI DE NAPLES.

Toutes ces réflexions sont belles, mais elles viennent un peu trop tard. Nous sommes dans la galère, il faut ramer ; avant tout, il faut manger ; occupons-nous, d'abord, de pêche, de chasse ou de labourage.

L'EMPEREUR.

Il ferait beau voir l'empereur de la maison d'Autriche, grater la terre pour vivre.

LE ROI D'ESPAGNE.

Aimeriez-vous mieux tirer au sort pour savoir lequel de nous servira de pâture aux autres.

LE PAPE.

N'avoir pas même de quoi faire le miracle de la multiplication des pains! Cela ne m'étonne pas, nous avons ici des schismatiques.

CATHERINE.

C'est sans-doute à moi que ce discours s'adresse : je veux en avoir raison.... En garde, saint-père.

L'impératrice et le pape se battent, l'une avec son sceptre et l'autre avec sa croix : un coup de sceptre casse la croix ; le pape jète sa tiare à la tête de Catherine et lui renverse sa couronne. Ils se battent avec leurs chaines. Le roi de Pologne veut mettre le holà, en ôtant des mains le sceptre à Catherine.

LE ROI DE POLOGNE.

Voisine, c'en est assez. Holà ! Holà !

L'IMPÉRATRICE.

Il te convient bien de m'enlever mon sceptre, lâche! est-ce pour te dédommager du tien que tu as laissé couper en trois ou quatre morceaux ?

LE PAPE

Catherine, je te demande grace, *escolta mi:* si tu me laisses tranquille, je te donnerai l'absolution pour tous tes péchés.

L'IMPÉRATRICE.

L'absolution! faquin de prêtre! avant que je te laisse tranquille, il faut que tu avoues et que tu répètes après moi, qu'un prêtre, qu'un pape est un charlatan, un joueur de gobelets. . Allons, répète :

LE PAPE.

Un prêtre.... un pape.... est un charlatan.... un joueur de gobelets.

LE ROI D'ESPAGNE, *à part*, *dans un coin du théâtre.*

Quelle trouvaille! j'ai encore un reste de la ration de pain qu'on me donnait à fond de cale. Quel trésor! Il n'y a point de roupies, point de piastres qui vaillent un morceau de pain noir, quand on meurt de faim.

LE ROI DE POLOGNE.

Cousin, que fais-tu là à l'écart? Tu manges je crois, j'en retiens part.

(33)

L'IMPÉRATRICE et les autres rois se jètent sur celui d'Espagne pour lui arracher son morceau de pain.

Et moi aussi, et moi aussi, et moi aussi.

LE ROI DE NAPLES.

Que diraient les Sans-Culottes, s'ils voyaient tous les rois d'europe se disputer un morceau de pain noir?

Les rois se battent : la terre est jonchée de débris de chaînes, de sceptres, de couronnes; les manteaux sont en haillons.

SCÈNE VII,

LES ACTEURS PRÉCÉDENTS ET LES SANS-CULOTTES.

Les sans-culottes, qui ont voulu jouir de loin de l'embarras des rois réduits à la famine, reviènent dans l'ile pour y rouler une barrique de biscuit au milieu des rois affamés.

L'UN DES SANS-CULOTTES, *en défonçant la barrique, et renversant le biscuit.*

TENEZ, faquins, voilà de la pâture. Bouffez. Le proverbe qui dit : *Il faut que tout le monde vive*, n'a pas été fait pour vous, car il n'y a pas de nécessité que des rois vivent. Mais les sans-culottes sont aussi susceptibles de pitié que de justice. Repaissez-vous donc de ce biscuit de mer, jusqu'à ce que vous soyez acclimatés dans ce pays.

SCÈNE VIII.

LES ROIS *se jètent sur le biscuit.*

L'IMPÉRATRICE.

Un moment ! moi, comme impératrice et propriétaire du domaine le plus vaste, il me faut la plus grande part.

LE ROI DE POLOGNE.

Catherine n'a jamais fait petite bouche : mais nous ne sommes plus ici à Pétersbourg; chacun le sien.

LE ROI DE NAPLES.

Oui ! oui ! chacun le sien. Cette barrique de biscuit ne doit pas ressembler à la soi-disant république de Pologne.

LE ROI DE PRUSSE *donne un coup de sceptre sur les doigts de l'impératrice.*

L'IMPÉRATRICE.

Tais-toi, ravisseur de la Silésie.

LE PAPE.

Messieurs ! Messieurs ! rendez à César ce qui est à César.

L'IMPÉRATRICE.

Si tu rendais à César ce qui appartient à César, petit évêque de Rome !.....

L'EMPEREUR.

La paix, la paix : il y en a pour tout le monde.

LE ROI DE PRUSSE.

Oui, mais il n'y en aura pas pour long-temps.

LE ROI DE NAPLES.

Mais voilà le volcan qui paraît vouloir nous mettre tous d'accord : une lave brûlante descend du cratère et s'avance vers nous. Dieux !

LE ROI D'ESPAGNE.

Bonne notre-dame ! secourez-moi... Si j'en réchappe, je me fais Sans-Culotte.

LE PAPE.

Et moi je prends femme.

CATHERINE.

Et moi je passe aux Jacobins ou aux Cordeliers.

Le volcan commence son éruption : il jète sur le théâtre des pierres, des charbons brûlants... etc.

L'explosion se fait : le feu assiège les rois de toutes parts ; ils tombent, consumés dans les entrailles de la terre entr'ouverte.

FIN.

www.ingramcontent.com/pod-product-compliance
Lightning Source LLC
Chambersburg PA
CBHW060504050426
42451CB00009B/803